中山出版
ZHONGSHAN PUBLISHING
香山承文脉　好书读百年

Hello,横栏

张玉萍　文

杜焕平　绘

SPM
南方出版传媒
广东人民出版社
·广州·

图书在版编目（CIP）数据

Hello，横栏 / 张玉萍文；杜焕平绘. -- 广州 :广东人民出版社，
2018.6
（"Hello，中山"手绘漫画系列）
ISBN 978-7-218-12908-2

Ⅰ . ①H… Ⅱ . ①张… ②杜… Ⅲ . ①乡镇—概况—中山—图集 Ⅳ .
①K926.55-64

中国版本图书馆CIP数据核字(2018)第116249号

HELLO,HENG LAN

Hello，横栏　　张玉萍　文　杜焕平　绘

出 版 人：肖风华

责任编辑：李锐锋　吴锐琼
装帧设计：陈宝玉

统　　筹：广东人民出版社中山出版有限公司
执　　行：何腾江　吕斯敏
地　　址：中山市中山五路 1 号中山日报社 8 楼（邮编：528403）
电　　话：（0760）89882926　　（0760）89882925

出版发行：广东人民出版社
地　　址：广州市大沙头四马路10号（邮编：510102）
电　　话：（020）83798714（总编室）
传　　真：（020）83780199
网　　址：http://www.gdpph.com
印　　刷：广州市岭美彩印有限公司
开　　本：787mm×1092mm　1/32
印　　张：4　**字　　数：**60千
版　　次：2018年6月第1版　2018年6月第1次印刷
定　　价：25.00元

如发现印装质量问题影响阅读，请与出版社（0760-89882925）联系调换。
售书热线：（0760）88367862　**邮购：**（0760）89882925

总序 | 写画心中的城

　　都说现在是一个"看脸"的时代，手绘漫画图书的热销，就是标志之一。"轻阅读"的流行，正是时代发展的产物。与时俱进，我们打造了这套"Hello，中山"手绘漫画系列，一是让年轻人利用自己的地缘优势讲好"中山故事"，传播家乡传统文化；二是给年轻人机会出版作品，毕竟出书是一件严肃又庄重的事情，也是值得一辈子自豪的事情。

　　"Hello，中山"手绘漫画系列是一套开放式的选题，计划以每年出版一二十种新书的规模，以陆续出版、不断充实、不断丰富的方式，用若干年的时间，打造一套有规模、有品位、有传承力、有影响力的具有中山特色的原创手绘漫画书系。

　　作为"Hello，中山"手绘漫画系列的策划人，我期待中的这套书不仅是巡礼式地给中山 24 个镇区各出一册，而是 N 册，同时扩充至其他领域，比如老字号、非物质文化遗产等，形成一套三五十册的较大规模，可较长时间立于中山人书架上的系列图书。所以，做好这一套图书，我们将坚持以下几点——

一是充分调动年轻人的积极性，邀请能写能画且熟悉中山的"土著的""非土著的"年轻人加盟。2015 年 7 月出版的《Hello，石岐》作为"Hello，中山"手绘漫画系列的第一本，其作者是当地一所大学的应届毕业生，书稿其实就是两个年轻女孩子的毕业创作作品。在一次展览上，我们看中了书稿，于是拿过来出版。结果出版后，反响很好，于是我们又广罗人才，邀请了更多年轻人参照《Hello，石岐》的模式，给其他镇区画、写，慢慢积累，就有了 2016年 8 月重磅推出的《Hello，石岐 Ⅱ》《Hello，沙溪》《Hello，南朗》《Hello，神湾》等。我们的出发点很明确，就是让中山的年轻人用自己的视角和喜爱的方式来讲述中山的故事，这是一个全新看中山的角度，让他们不囿于传统的模式去审视自己熟悉的地方。年轻人也可以借用这种新的形式来发挥自己的才能。它不仅让中山人认识中山，还让中山人重新探索和思考中山，同时去发现一个不一样的中山。

二是强调了书稿的本土性和原创性。越是民族的，越是世界的。中山是伟人故里，具有 800 多年的历史，人文丰盈、历史深厚、自然优美，可写可画的东西很多。有一句话说，世界不是缺少美，而是缺少发现美的眼睛。"Hello，中山"手绘漫画系列鼓励年轻的画家、作家去发现中山人都未必知道的中山，这激发了年轻人的热情。许多作者反馈回来的信息是，如果不是绘、写自己的家乡，还真不知道自己的家乡有这么美。

三是坚持内容为王。按照目前的出版方向，一是以行政区域为主题，二是选择可入画的中山题材。就拿行政区域这一主题来说，在执行的过程中，很容易做成官方宣传资料，这明显偏离了我们的初衷。凡是将官方资料堆积在书稿里的，我们一律要求作者重新写。要用自己的语言来写自己可亲可爱的家乡。读者之所以喜爱这套图书，主要原因不仅是形式上活泼，还有就是内容上新颖。可读性成为重中之重。

四是安排了得力编辑专心打造。"Hello，中山"手绘漫画系列前期指导作者的工作量超乎想象，原因无外乎：作者都是没有写书、编书、出书的经验，这样或那样的问题，时不时要编辑回答；对家乡的重点历史人文、传统文化等拿捏不准。我们专门安排了两位责任编辑来负责，随时随地指导好这一批年轻作者，以期共同做好这一套书。同时，在排版设计上，紧紧跟随当下畅销书的风向标，大胆启用大腰封，力求与传统的装帧方式有所区别，以更贴近年轻人的心理要求。

五是着重打造品牌效应。一种品牌就是一种无形资产，我们立足中山将近6年时间了，一直强调品牌的影响力，也打造了一批诸如"中山客""廉洁中山""故事中山"等品牌图书，得到了读者的普遍认可。我想，品牌代表的是一种不可多得的美誉度、可信度，而这些才是真正的无价之宝。"Hello，中山"手绘漫画系列从一开始的策划就立足于品牌效应了，为此我们专门设计了这套书的Logo、函套，还有手提袋，甚至还有它们的衍生产品——明信片、T恤、茶杯等。目前，这套书的品牌效应慢慢凸显出来了，难能可贵。

出版是个小行业，而且我们是在中山这样的小地方做出版，难度可想而知。但是，文化是个大产业，前景一片光明。我们将按照广东人民出版社中山出版有限公司的出版宗旨——"香山承文脉，好书读百年"，全力把"Hello，中山"手绘漫画系列打造成为品牌图书。

广东人民出版社中山出版有限公司总经理 | 何腾江

目　录

1　　　横竖的横　栏杆的栏

10　　　你不知道的中国照明灯饰制造基地

14　　　走进花木之乡

44　　　沙田风俗知多少

59　　　丰富多彩的文娱生活

66   吃喝玩乐跟我走

76   从小吃到大的味道

89   用脚步丈量镇内古迹

102   属于横栏80后、90后的共同回忆

109   后　记

横竖的横
栏杆的栏

2004年9月，我离开横栏镇到中山东部的镇区读高中，与同学交流的开场白一般都是"你是哪个镇的人"。在智能手机及社交平台软件未普及的年代，年轻一代对"横栏镇"并不熟悉。我的同学通常会接着问，横栏镇在哪里，更有甚者会直接反问："你是云南（云南的粤语发音与横栏有一点相像）来的？怎么云南人也说粤语？"此时，我便解释："不是云南，是横栏，横竖的横，栏杆的栏。横栏相邻沙溪、大涌、古镇、小榄，与江门市隔江相望。"

横栏镇地处中山市西部。岐江公路、沙古公路、古神公路越城而过，中江高速公路横穿北部，地理位置优越。

背 景 知 识

横栏镇名字的由来

据悉，"横栏"一名源自古代香山西海十八沙中的横栏沙。沙是指在冲积平原形成时首先出现的且在日后逐渐扩大的沙丘地域。因当时在现横东村一带的一个沙丘形成时，整个沙洲的地形突了起来，好像一条横木在海面上，所以被称为"横栏沙"。直至日后越来越多的农民渔民到此垦耕打鱼，定居聚集成村落，横栏一名也因此流传了下来。现在，横栏镇下辖的村（社区）分别有西冲社区、横东村、横西村、宝裕村、三沙村、五沙村、六沙村、贴边村、新茂村、裕祥村、新丰村（其中贴边村、新茂村、裕祥村、新丰村也合称为四沙）。

○ 横东牌坊

○ 宝裕牌坊

　　近十几年来，随着横栏镇经济的发展，特别是花木行业与照明灯饰行业的高速发展，越来越多的外来务工人员来到横栏镇生活、工作。加上信息传播手段的增加，横栏镇在外的知名度及影响力不断提高。这个曾经相对偏僻的小镇逐渐被越来越多的人认识。

横栏镇也随之发生翻天覆地的变化：村民房屋拆旧建新、商业圈迅速发展、数十个楼盘在横栏镇落地生根、路网四通八达。连当年曾经在横栏下乡的知青回到横栏镇，也惊叹横栏镇变化之大。

如何到达横栏

◆ 主干道

岐江公路（省道268）：横栏镇内最早建设的主干道，通往古镇、沙溪两个方向，经过三沙、贴边、新茂、新丰、西冲、横东、横西等村（社区），由于规划建设较早，道路相对狭窄。

○ 日益发展的横栏

○ 沙古公路

　　沙古公路：俗称"新岐江公路"，是沙朗连接古镇的一条快速路，途经横栏镇，自 2011 年年底通车以来，大大缓解了岐江公路的交通压力。因该道路路面宽阔，红绿灯设置数量较少，横栏人普通喜欢选择此道路前往市区。

　　古神公路：通往古镇、神湾两个方向。其中横栏至神湾路段两旁土地以种植花木为主。古神公路的通车，大大方便了沿线花木的运输工作，被花农称为"致富之路"。

○ "致富之路"——古神公路

○ 中江高速公路横栏出入口

中江高速公路：

中江高速公路横栏出入口位于三沙村、贴边村交界位置，横栏人可以通过此高速口通往各地。

◆ 公交

○ 普通公交

现时，共有多条公交路线途经横栏镇，它们分别是：

202 路公交车路线（市中医院—古镇海洲健身广场）：202 路在横栏镇经过的路线与岐江公路重叠，也是镇内经过村（社区）数量最多的路线，因此，此路线公交车常常都满座。该路线也是横栏镇内最早出现的公交路线。横栏人前往石岐大多乘坐此公交路线。

201 路公交车路线（沙岗墟—横栏六沙）：此路线经过岐江公路通往六沙市场，解决了宝裕、五沙、六沙等村村民的公交出行问题。

K05 路公交车路线（人民医院—古镇镇政府）：此路线在横栏镇内仅设四个站点（分别是三沙路口、四沙市场路口、新丰村、百得厨卫），是通往人民医院及古镇镇政府的快速公交路线。

342 路公交车路线（城轨古镇站—中山一职）：此路线主要途经横栏镇非主干道村（社区），解决沿线村（社区）群众出行难的问题。

381 路公交车路线（小榄车站—横栏茂辉农贸市场）：此路线是 2017 年新运行的公交路线，结束了横栏镇与小榄镇没有直达公交车的历史。

○ 快速公交

◆ 渡口

　　中顺大围（横栏段）共有两个渡口通往江门市大鳌镇，其中一个渡口可以搭载小型汽车。搭渡船是横栏、大鳌两镇群众来往的主要出行方式。横栏人称搭渡船通往大鳌镇为"过大海"。

○ 搭渡船通往大鳌镇被称为"过大海"

你不知道的
中国照明灯饰
制造基地

从农业到工业

20 世纪 90 年代末，我在三沙小学读书，还记得当时岐江公路北侧（三沙段）是连片的水稻田，种植收入仍是村民的主要收入来源。秋收后，村民会将一些没有利用价值的禾秆堆成小山，待其燃烧成灰后当做稻田的肥料。那时，同学经常会带我去稻田里玩。经过一堆即将烧完的禾秆时，同学会塞入几条预先准备好的番薯，等我们玩耍回来，用树枝从灰烬中挑一下，便可以挑出香喷喷的煨番薯。

过了一段时间，我们打算再去玩时，发现那一连片的稻田已被填满了沙土。没过多久，那片土地上建起了低矮的锌铁厂房，我们便换了个地方玩。童年的我并未意识到那里正在发生翻天覆地的变化——横栏的工业正在发展起来。

照明灯饰产业的发展过程

2000 年的时候，横栏镇工业经济基础比较薄弱，企业"散、小、乱"的粗放型发展模式是当时横栏经济的真实现状。后来随着经济的不断

○ 工业区崭新的厂房

发展，从 2002 年起，先后建设茂辉工业区和永兴工业区，开发接近两万五千亩工业用地，主动接受周边镇区的灯饰产业辐射，引入灯饰加工配套厂企。随着工业区企业数量的逐渐增多，规模的逐渐扩大，横栏镇凭借着优越的地理位置和良好的政务环境以及发达的交通网络，吸引了浙江、湖南、四川、湖北以及深圳、江门等全国多个地区的照明灯饰客商落户投资。在全镇六千多家工业企业中，灯饰生产厂企有四千二百多家，占企业总数的三分之二，与照明灯饰相关配套的五金配件、塑料、包装印刷、物流仓储等企业一千多家，灯饰配件市场三个，灯饰商铺六百多家，全镇从事灯饰行业人员近八万人。

同时，横栏镇逐步形成以照明灯饰制造业为主的支柱产业，培育了奥科特照明、钜豪照明、星宇达邦灯饰等一大批产值高、研发强、市场广的名牌企业。照明灯饰产品外销到欧美、日本、东南亚等一百多个国家和地区。

2015 年，横栏镇创建为"中国照明灯饰制造基地"和"广东省技术创新专业镇（新型照明灯饰）"。

○ 灯饰加工

随之而来的租赁产业

　　随着灯饰照明产业的发展，越来越多的外来务工人员前来横栏镇工作、生活。20世纪90年代末，一些嗅到商机的村民利用空余的土地建起平房出租，大大增加了家庭收入。近十多年来，横栏镇的租赁产业在灯饰照明产业的带动下，得到了"井喷式"的发展。

　　现时横栏镇内共有数千幢房屋物业用于出租，出租收入成为了横栏人重要的收入来源。为了吸引租客，业主将低矮的平房拆除，改造成了家电家具一应俱全的高档电梯套房，同时将土地利用率低的锌铁棚厂房改造成宽敞明亮的高屋电梯厂房，租金也相应地大幅度提高。

　　2012年，我有幸作为一名工作人员接待了一批重游旧地的四五十年前到横栏镇下乡的知青。大巴带领知青重游当年他们工作、生活的地方。看到如今新建的宽阔的水泥路网和一座座崭新的自建房，不少知青表示已经无法辨别出当年走过的路以及暂住过的房屋了。他们感叹横栏镇经济发展迅速、变化巨大。

○ 成排的出租房

走进
花木之乡

横栏花木的发展

我出生于 20 世纪 80 年代末。20 世纪 90 年代初，横栏镇已经有人在种植花木，有的是在生产队分配的自留地上自己种植，有的是在外面帮人打工。我大伯娘就是帮人打工的一员。她总是外出揽活，到深圳、珠海、惠州等地帮人种树，一去就是十几天或者更长的时间。每次大伯娘回来，我们这群孩子就最欢喜了。一辆大车把村里外出揽活的村民送到村口，每个归来的村民都是笑容满面的。他们用担子将从外地带回来的鸡和装满东西的纤维袋扛在肩上，心满意足地归家去。大伯娘的纤维袋除了装了一些衣服和必需的生活用品外，还经常会装一些一次性的洗刷用具回来。这些用具都是雇主为他们购买的，但是大伯娘都没有使用，而是细心地收好，全部带回来。要知道，那时候，这些一次性的洗刷用具在我们这些小孩眼中都是稀罕品。

后来，受古镇镇花木种植的影响，横栏镇这边加入花木种植行列的村民越来越多。大伯娘家有一块几亩的自地留，也开始自己种植一些易活的地苗。因此不管是周末还是寒暑假，堂姐都要去地里帮忙。我家没有自留地，而我从小和堂姐一起玩耍，所以每逢放假的时候，我都会跟着堂姐去她家的自留地玩耍。大伯娘不给堂姐零花钱，只有堂姐帮忙干活了才会给她"工资"。我印象最深刻的是，只要堂姐入够一百个袋仔泥，并且整齐码放在地上，就可以得到一块钱的零花钱。这是个辛苦活，因为往往干一天也赚不了十多块。

2000 年初，越来越多的村民加入花木种植的行列。为了开发三沙花木基地，村干部开始动员村民将手中的自留地交一部分出来由村委会统一开发，村委会再支付租金给生产队。当时的村民并没有立刻接受这个新鲜事物。村委会足足开了 28 场大小会议才成功动员了第一批村民。村委会向村民租赁土地，并向村民支付租金。租赁的土地由村委会进行统一开发，包括修建路网、开挖河道等，再统一对外发包，提高土地价值。这种模式开创了横栏镇的先例，后被称为"反承包"。第一期开发的土地，村委会支付给村民的租金是 1500 元 / 亩，已经是当时较高的租金水平。

　　再后来，我出外读高中、大学，听家人说开投土地租金已经达到4000元/亩，再后来发展到7000元/亩。我读大学的那几年，正是家乡花木行业发展最迅速的时候。有新闻报道说，2010年的广州亚运会80%的袋苗均来自中山市横栏镇。此前及当时入行的花农无一例外地"赚大发（赚大钱）"。

○ 受古镇镇的影响，
横栏镇三沙村一带越来越多
的村民加入花木种植的行业

　　三沙花木的发展模式是成功的，它不但使本村的花农奔康致富，还促进了周边的村子发展花木，提高了土地价值，带动了更多的村民投身花木行业。随着镇政府的重视以及横栏花木的种植规模、知名度、影响力的扩大，横栏镇于 2011 年获得了"中国花木之乡"的称号。

○ 村民在花木场上干活

　　2011 年大学毕业后，我回到土生土长的地方工作，开始更关注镇花木业的发展。三沙村当年第一期开发的土地于 2012 年初到期（十年期满），村委会将土地归还给生产队，并提前协助生产队规划，其中将 200 多亩位置靠近中心农路的土地规划为 3—6 亩的地块公开开投，增加集体收入。当时开投的土地租金均价在每年 20000 元/亩以上，租金价格最高的甚至超过 40000 元/亩，成为当时横栏镇乃至中山市的农用地"地王"。剩下的 200 多亩土地则按每名股东 4 分的份额分配给股民自行耕作，解决本村劳动力的就业问题，提高村民收入。

横栏花木经历了10多年的产业化、集约化发展，目前全镇共有花木种植面积2万多亩，基本形成了以三沙花木为龙头、五沙花木为核心，沿古神公路两旁发展的绿色产业带。

然而，横栏花木的发展并不是一帆风顺的。由于受经济大环境的影响，以及周边地区花木种植的规模不断扩大，花木行业的竞争日益激烈，种植成本不断上升。从2012年开始，出现了小范围内的退租风波，直到2015年、2016年，退租风波达到了高峰，特别是土地租金较高的地块退租情况比较突出。为了挽留农户，降低农户种植压力，

○ 五沙花木基地入口

稳定集体收入，各村（社区）通过召开村民会议决议，纷纷出台各类租金优惠政策，如租金免递增、租金直降20%、租期最后一年免租金等。通过一系列的措施，土地租赁情况基本稳定下来。

○ 三沙花木基地中心农路

一棵袋苗的成长历程

　　横栏花木基地是华南地区规模最大的袋苗生产基地，在此种植的苗仔品种多达数百种。不同的品种有不同的扦插注意事项。即使同一个品种，不同的花农也有不同的扦插技巧。在多年的摸索及相互交流学习中，横栏花农掌握了较高的扦插技术，所种植的苗仔能有较高的成活率。

　　黄金叶是横栏花木基地最常见的地苗之一，因其成活率高，生长条件要求低而广受花农们的青睐。一棵黄金叶袋苗，由插种到可以销售大概需时两个月，经历以下七个流程环节。

①碎泥

　　碎泥就是把大块的泥土打碎，方便种植，以前主要是依靠人力手工进行。现在的花农为了省时省力，提高工作效率，基本都用碎泥机碎泥。

○ 用碎泥机碎泥

②入袋仔泥

这个步骤是将已经打碎的泥土用铁勺子装进袋子里，再放到地上码齐。

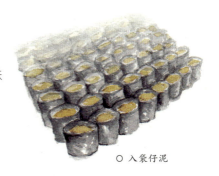

○ 入袋仔泥

③插苗

将剪好的黄金叶等插入装了泥土的袋子里。

④盖胶膜、阴网

苗仔插好淋水后，要马上盖上胶膜及阴网，起到保温、保湿、防晒的作用。要根据气候的不同，每天适当淋水。

○ 盖阴网

⑤掀网

待扦插的苗仔出根并稳定成长时（冬天大概一个多月，夏天大概二十天），可以将胶膜或阴网拿走，使之能够更多地与阳光接触，加快生长。

⑥出苗

当苗仔种植了两个月左右（夏天一个多月，冬天两个多月）就可以出售了。这时需要将苗仔整齐地码到编织箩里。过去花木基地里有多家织箩厂生产提供编织箩。花农以使用编织箩为主，现时市面上也有较多的编织袋出售，供花农选择。

○ 出苗

○ 苗木装车

⑦装车

　　苗仔装入编织篓后，再整齐地堆放在农路边等待装车（装车，即将苗木搬运上车）。如等待装车的时间较长，需盖上阴网并做好保湿工作。运输苗木的车辆到达后，就可以装车了。

至此，苗仔在横栏花木基地的生长历程就结束了。不久后，苗仔可以到达另一个地方开始它的新生活：或成为市政工程的绿化苗，或在新的地方继续生长。

○ 苗木装车

花木行业常识知多少

◆ 花木界的方言

不同的地方有不一样的方言，而不同的行业也有独特的方言，以下几个花木界的词语方言，相信花农们都会懂，同时也跟读者分享一下。

（1）执药、执二十四味

形容需要采购的花木种类繁多，单种数量少，利润微薄。例：

花农A：今天在三沙、五沙都看到你开车去采购花木的身影，生意不错吧。

花农B：哪里，执二十四味而已。

（2）炒货

指花农通过在外地低价采购一些花木，然后在本地销售门面高价卖出的行为。例：

中心农路两旁的花木场地理位置优越，这里的花农多数都会炒货。

（3）一枪过

指在一定范围内，一次性采购某地块或某品种的所有苗木。例：

花木场现有一批15—20分（树干直径15—20厘米）秋枫，欢迎实力中介一枪过！

（4）花中（花木中介）

指从客户处获取花木采购订单，然后向花农采购花木，赚取中间差价的中介人员。

◆ 花地开投

如果外地的农户想在横栏租赁一块土地种植花木，除了向本地已分配土地的村民租赁外，最直接的方法就是通过公开开投的方式，竞投自己心仪的土地。参加花地开投需在开投前先缴纳一定的保证金，获得竞投的号牌。土地竞投时，有意者可以自行举牌，每次举牌默认增加约定的最低金额，也可以举牌后叫出高于最低增加额度的金额。

○ 土地竞投时，有意者可以自行举牌参与竞投

○ 天刚亮，三沙中心农路与古神公路交会处的红绿灯旁就聚集了一批揽活的人

如中标，则办理租赁合同签订事宜，如没有中标，竞投结束后退回号码牌，领回已交的保证金。

◆ **揽活的人**

早上天刚亮，三沙中心农路与古神公路交会处的红绿灯旁就聚集了一群人，少则十多人，多则数十人。他们大都来自周边村（社区），为了揽活而聚集在这个固定的位置。有需求的花农也会前来挑选杂工，让他们在花木场帮忙除草、入袋仔泥、插苗等。现时杂工每天的工价在 120—150 元之间。

◆ **收花钱**

所谓年尾收花钱，就是花农向"花中"或采购商追讨此前未结清的花木款项。由于多种原因，"花中"或采购商向花农采购了花木后，不能及时结算，有些就拖到年尾再结算。如果花农不幸运的话，还会遇上欠钱不还的"老赖"。有些被拖欠的款项甚至超过了花农一整年的收入，所以现时部分花农只会向可以即时结算款项的"花中"和采购商出售花木。

◆ **苗木的分类**

横栏花木基地种植的苗木品种多达上千种，按苗木的形态，一般可以分为地被植物、灌木、乔木三种类别。当然，这种分类不是绝对的，同一种植物在不同的生长时期，也有可能属于不同的类别。

（1）地被植物

地被植物是指那些株丛密集、低矮，经简单管理即可用于代替草坪覆盖在地表，防止水土流失，能吸附尘土、净化空气、减弱噪音、消除污染并具有一定观赏和经济价值的植物，如黄金叶、龙船花、鸭脚木、风雨兰、葱兰、花生藤、排骨草、吊竹梅、星花、龟背竹等。

· · · · · 黄金叶 · · · · ·

叶长卵圆形，色金黄至黄绿，
常绿灌木，株高 0.2—0.6 米，枝
下垂或平展，卵椭圆形或倒卵形。
繁殖多用扦插或播种方式。

· · · · · 排骨草 · · · · ·

排骨草喜阴，多为盆栽，喜
肥沃疏松的微酸性土壤，养殖时
需保持一定的空气湿度，避免干
燥和阳光暴晒。通常置于水景驳
岸边、岩石下、墙角等阴暗处。

· · · · · 吊竹梅 · · · · ·

叶形似竹、叶片美丽常以盆栽
悬挂室内。原产墨西哥。分布于中
国福建、浙江、广东、海南、广西
等地。常用于栽培观赏。也可作药
用，有凉血止血、清热解毒、利尿
的功能。

• • • • 龟背竹 • • • •

别名蓬莱蕉、龟背蕉、电线兰，生于林中、攀缘树上。喜温暖潮湿环境，切忌强光暴晒和干燥，耐阴，易生长于肥沃疏松、吸水量大、保水性好的微酸性土壤，以腐叶土或泥炭土最好。

• • • • 龙船花 • • • •

植株低矮，花叶秀美，花色丰富，株形美观，开花密集，花色丰富，花期较长，每年3—12月均可开花，是重要的盆栽木本花卉。龙船花繁殖用播种、压条、扦插均可，但一般多用扦插法。

• • • • 鸭脚木 • • • •

别名鹅掌柴、吉祥树，分枝多，枝条紧密。是热带、亚热带地区常绿阔叶林常见的植物，原产大洋洲，中国广东、福建以及南美洲等地的亚热带雨林，日本、越南、印度也有分布。现广泛种植于世界各地。

（2）灌木

灌木是指那些没有明显的主干、呈丛生状态、比较矮小的树木。如非洲茉莉、夹竹桃、红继木、红车、琴叶珊瑚、龙血树、鸡蛋花木等。

・・・・・龙血树・・・・・

又称流血之树、活血圣药、植物寿星。是著名药品"七厘散"的主要成分，有活血化瘀、消肿止痛、收敛止血的良好功效。性喜高温多湿，喜光，光照充足，叶片色彩艳丽。不耐寒。

・・・鸡蛋花木・・・

夏季开花，清香优雅。落叶后，光秃的树干弯曲自然，其状甚美。适合于庭院、草地中栽植，也可盆栽，可入药。

（3）乔木

乔木是指树身高大的树木，树干和树冠有明显区分。其往往树体高大，具有明显的高大主干。如秋枫、樟树、木棉树、细叶榄仁、凤凰木、紫薇、罗汉松、风铃木等。

· · · · · 罗汉松 · · · · ·
别名土杉，罗汉松科，属常绿针叶乔木。分布于中国多省区，栽培于庭园作观赏树。材质细致均匀，易加工。可作家具、器具、文具及农具等用。

· · · · · 黄花风铃木 · · · · ·
春季3—4月开花，先花后叶。性喜高温，在中国仅适合于热带亚热带地区栽培，可用播种、扦插或高压法繁殖，但以播种为主，春、秋为适期。栽培土质以富含有机质之土壤或砂质土壤最佳。

花木场饮食文化

　　不少花农在花木场搭建了棚舍。棚舍除了能摆放农具物资及供花农休息外，还可以煮食、娱乐（如配备麻将桌供花农闲时消遣）。现时越来越多的农户选择在花木场解决就餐问题，棚舍俨然成了一个"小家"。下面介绍几种在花木场常见的食物。

◆ 焖大鱼

　　花木场与花木场之间会挖一条河道用于灌溉，花农称之为"坑仔"。花农会放些鱼苗到坑仔里喂养，网鱼之日就是开怀大吃之日。

> **焖大鱼做法：**

　　将鱼去除鱼鳞、内脏后切成大件，用柴火烧热铁镬，加入花生油爆香姜片，再放入鱼块，煎煮至鱼块微焦，加入适量的水，再加盐、料酒、蚝油、白糖等配料。临出锅前，加入切好的芹菜焖煮1—2分钟即可。也可以加入河虾、白贝等一起焖煮。

○ 焖大鱼，可以加入河虾、白贝一起焖煮

◆ 煨鸡

如果说其他菜式在家也可以做,那么煨鸡就只能在花木场进行了。

煨鸡步骤:

(1)鉴于现在很多人都不会杀鸡,我们一般都是在市场购买已经杀好的鸡,将鸡清洗干净后加油、盐、姜片、蚝油、洋葱丝、老干妈腌制 30 分钟以上。

(2)在花木场找一块相对平坦的土地,挖一个约半个篮球大的坑,再拿一些泥块围垒成一个锥型,留一洞口用于放入柴木及要煨的食物。

(3)将木柴放入洞口,视泥土的干湿程度,大火烧 60—90 分钟,以泥土被烧到发红为上佳。

(4)用锡纸将腌好的鸡包裹好,至少需要包四层锡纸,避免锡纸破损。

(5)将包好的鸡放入土洞,并将土洞敲烂,使烧热的泥土覆盖在需要煨的食物上面。

(6)90 分钟之后,可以挖开泥堆,将食物拿出来。

○ 用泥块围垒成一个锥型,留一洞口用于放入柴木及要煨的食物

○ 用大火烧红泥土,泥土发红为佳

◆ 烧烤

　　在我读小学的时候（20 世纪 90 年代），烧烤是一件让人很期待的事情，因为一年可能只会碰到一到两次。上了中学和大学后，烧烤便成为同学聚会的常见方式，因为可以一群人围在一起，一边吃东西一边谈天说地。烧烤会产生大量的油烟，花木场位置空旷，空气清新，因此现在越来越多的人选择在花木场烧烤。在空地上用砖头垒烧烤炉是最方便的，常见的烧烤食品有鸡翅、肠仔、鲮鱼头、生蚝、玉米等。

○ 在棚舍前的空地上用砖头垒一个炉，
便可以开始烧烤了

白手兴家

老温是潮汕人，是横栏的一个花农，今年35岁了。叫他老温并不是因为他年纪大，而是他总是像个家长一样，扛起了家庭的重任。老温大学毕业后，像很多的家乡人一样，到深圳工作。后来听亲戚说横栏花木有"搞头"（发展前景），他考虑了一个晚上后，背上背包，带上简单的行李和一部手提电脑就来到了横栏镇。

那时是2008年，正值横栏镇花木业发展迅速的年代。在亲戚的帮助下，老温在横栏镇三沙村租赁了一块约13亩的花地，开始了创业生涯。创业初期，花木场的松皮棚还没有建起来，老温只能天天住宾馆。据他的朋友回忆，那时候老温的行头与当地是格格不入的，如穿着西裤白衬衫，抱着手提电脑到处跑。当地花农通常只是头戴草帽，脚穿拖鞋，身穿普通的休闲服。后来花地的松皮棚建好了，老温就住进去，但还没有搭通自来水管。年轻腼腆的老温只能在入夜之后跳进开挖的河道里洗澡。由于不能兼顾花木场的大小活儿，老温经常聘请工人帮忙打理花木场，自己做起了花木采购的活，久而久之，也就慢慢地认识了很多当地的朋友。一切都在慢慢地进入正轨。

当花农并不像想象中的轻松。有一次，老温去广州采购一批花木，装花木的货车迟迟未到。那个晚上，天下着细雨，采购的地方前不着村、后不着店，老温只能挨饿等到凌晨。

我是在2012年初认识老温的，那时他已经混得很不错。他和其他花农最大的区别是，别人家花木场里的花木都种得整整齐齐，没多少杂草，而他的花木场可以用杂草丛生来形容，那是因为他将工作重心放到了花木采购上，一个人无暇兼顾其他。后来，老温将在老家的妈妈接过来打理花木场。老温妈妈每次见到我们，都忍不住和我们唠叨，要我们帮老温介绍女朋友。我们都笑着答应了。

老温站稳脚步后，先后在横栏租赁了两块地，分配给他妹妹和弟弟分别经营，同时在横栏购置了房屋以及置换了新车。稳定下来后，老温同学终于结婚了，现时已育有一女，他妈妈也不再需要在我们面前唠叨了。

○ 老温一家也渐渐进入花木行业，生活稳定

颇有名气的水产养殖

横栏镇除了是花木之乡，也是中山市著名的鱼米之乡。横栏镇是典型的沙田地区，属于冲积平原，地形平坦，河涌交错，土地肥沃，很长一段时间里，甘蔗、水稻种植都是主要的经济来源。那时河网四通八达，几乎每户人家都有小农艇。水稻收割时，小农艇成为主要的运输工具。

20世纪90年代起，横栏镇突出发展以水产为龙头的高产、高质、高效的"三高"农业，逐步减少甘蔗、水稻的种植面积，增大鱼塘、花木的种养面积。渐渐地，横东村、六沙村一带的水产养殖形成了一定的规模。在市场的导向下，养殖的种类也从皖鱼、鳙鱼等家鱼向桂花鱼、甲鱼、罗氏虾等优质鱼虾类转变。

○ 横东村、六沙村一带鱼塘
成片，水产养殖形成一定规模

○ 横栏水道四通八达，很长一段
时间里，农艇是主要的运输工具

走进花木之乡　　41

○ 水产丰收

沙田风俗
知多少

春节

春节是民众最喜爱的节日，它代表着团聚、热闹。

临近年尾，横栏人都在忙碌地追收欠款、准备年货以及大扫除。三、四沙的村民以种植花木为主，追收花木款项是每年必上的戏码。这边有个传统，就是不欠债过年。

在智能手机未普及的年代，小卖部是花农获取货款结算信息的最佳场所。在这里，花农可以知道哪位老板正在结算货款，哪位老板因欠款而消失多天。收到货款的花农喜形于色，还未收到的就沉思着还有哪些老板有可能在结算货款。随着信息化时代的来临，花农不需要再到到小卖部获取货款结算信息了。一部手机，一个社交聊天软件，就能随时知道哪位老板在结算货款而不需要自己一个个去催款了。

在横栏，花农出售花苗，一般有两种途径，一种是采购商直接来采购挑选，另一种是通过"花中"联系买主，相当于通过中介将苗木售卖出去。而老板就是指采购商或"花中"。由于多种原因，"花中"或采购商向花农采购了花木后，不能及时结算，有些就拖到年尾再结算。所以每到年尾，花农就要追收花木款项了。

○ 老板通过社交软件发布
货款结算信息

○ 大家一起动手包油角

　　农历十二月二十日以后，不少人开始减少工作量，甚至开始放假。大家着手准备，如买年花、购年货、准备过年祭祀用品、制作过节食品等。油角、煎堆是最常见的春节食品。油角的做法尤为繁琐，制作一般需要大半天至一天的时间，因此通常都是一家大小一起参与，有时还会几家人共同制作。大家分工合作，有的负责和面，有的负责准备馅料，有的负责包油角，有的负责炸油角。一家人边聊家常边动手，场面甚是欢乐和谐。

①将馅料准备好：花生、芝麻炒香后，放凉。花生装入一个塑料袋，用刀背轻轻捣碎，倒入碗里，加芝麻、椰蓉和白糖拌匀，具体的分量可根据个人口味喜好来增减。

②在面粉中分别加入适量的猪油、鸡蛋、花生油、水，然后用手搓至光滑。将面团分成若干等份，用擀面杖擀成厚度适中的面皮，再用玻璃杯压出圆形的面皮。

③取面皮一张，放入适量的馅料，先沿着面皮的两侧对捏起来，以免馅料漏出。然后用手指沿着面皮边锁边。

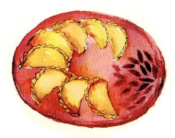

④锅里放油，把油加热到筷子放下去会起泡时，将油角下锅炸，炸至金黄色捞起即可。

○ 二月初二当天，村民会一起祭
祀土地公公、搭棚聚餐

二月二土地诞

　　农历二月初二，又被称为"春耕节""农事节"，是中国民间传统节日。传说也是龙抬头的日子。民间有一句俗语："二月二，龙抬头，剃毛头。"据说在二月初二这一天理发能带来一年的好运。因此在这天，村民都会往理发店跑，特别是小孩。在这天理发，代表从头开始，一年从头精神到尾。

　　"二月二"在南方也是土地公公的生日，俗称"土地诞"。有的地方会举办"土地会"的习俗：家家凑钱为土地神祝贺生日，到土地庙烧香祭祀，敲锣鼓，放鞭炮。

在横栏一带也有这个习俗：二月初二前，每家每户都会去村委交"份子钱"，然后二月初二当天祭祀土地公公、搭棚聚餐。二月初二当天，最好不要开车在村里溜达，因为你会发现，即使避开了这个街角的大棚，不到几百米，另一个巷尾也有大棚在"挡路"。晚上的聚餐也称"社头饭"。社头饭期间，咸水歌谣旋律一直播放，有舞狮助兴，村民围坐一起谈天说地，颇为热闹。

○ 有的村民会捐赠烧猪祭神

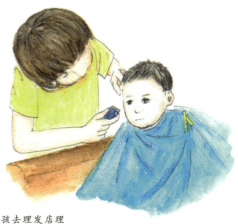

○ 二月初二，带小孩去理发店理个发，让他一年从头精神到尾

端午节

○ 蕉叶

"五月初五系龙舟节,阿妈带我去睇龙船……"这是一首横栏人耳熟能详的童谣。每逢端午,包粽子和扒龙舟便是横栏人的两大"经典活动"。

以前村边地头随处可见芭蕉树。端午节前,村中妇女便会割下芭蕉叶晒干,用来包粽子。随着城镇化的发展,现在芭蕉树已很少见,村民要包粽子通常都从市场上买回蕉叶。

○ 每逢端午,村中妇女都会包粽子

①新鲜蕉叶摘回来后晾晒一两天，再用清水煮软，沥水备用。

②糯米、眉豆淘洗干净后，加入适量的水、盐、白酒、花生油泡半天。

③五花肉切成条状，加入盐、油、五香粉等调味，拌匀后腌制2—3小时。将咸鸭蛋的蛋黄和蛋清分离。

④将蕉叶平放在手上，先铺一层糯米，再放入五花肉和蛋黄，再铺上一层糯米，将蕉叶左右交叉折起来，用绳子捆好。

⑤将粽子放入锅里，倒入清水没过粽子，再用一大片蕉叶覆盖，大火煮沸后，改为中小火再煮3—4小时即可。

　　横栏属于沙田地区，河道密布，每条村（社区）都有大小河道穿过。一河两岸人家是常景。端午期间，除了镇上举行龙舟竞赛外，许多村子都在村中河道举办龙舟巡游活动。龙舟巡游时，锣鼓喧天，岸边村民会在龙舟经过时燃烧鞭炮，一派热闹的景象。龙舟靠岸停泊时，不少村民将小孩子抱至龙舟头骑坐一下，祈求平安吉祥。也有村民将白开水从龙头上面倒入，用干净的容器放到龙头下面接回。据说喝了这龙头水后能平安吉祥。

○ 横栏一河两岸人家是常景

○ 村里的龙舟游行

○ 端午期间，镇上会举行龙舟赛

○ 小孩骑龙头

○ "雾仙"水果

七夕节

七夕是指农历七月初七，横栏人称为"七月七"。七月初六的夜晚，家中长辈会准备多种水果、食用水及其他祭品放在户外的桌子、围栏上"过夜"。据说七月七凌晨，仙女会下凡，而食物放在户外，能吸收"仙气"。人们食用吸收过"仙气"的食物可以更健康。此俗被称为"雾仙"。

20世纪90年代，每逢七月初七的凌晨，村里有很多中青年男子都会到白濠沥边"洗身"（游泳），小孩子出于安全和作息时间的考虑，通常会在七月初七的早上，提早起床，在家附近的河涌"洗身"。据说泡七月初七的河水能带来好运及治疗部分疾病，而且在当天越早洗，功效越显著。这也是横栏老话"七月七，洗屎忽（屁股）"的由来。后来随着工业的发展，河涌受污染严重，人们也就渐渐不下水了。

中秋节

　　中秋节是一个代表团圆的节日。中秋前夕，晚辈会到长辈家中送礼，礼品以月饼和水果为主。随着生活水平的提高，礼品的种类也不断增加，如烟酒、茶叶、坚果、干货等。

　　在农历八月十五的中秋节当天，一家人团聚在家中过节，就是最重要的仪式。晚餐过后，人们会把应节食品摆放到户外，待月亮露出脸后，家中长辈就开始"拜公月"（祭祀）。拜祭仪式结束后，一家人围坐桌边，边赏月边吃东西边唠家常。期间有些人家会燃放烟花助兴，小孩也会提着灯笼玩耍。

　　中秋节的主角非月饼莫属。横栏传统的月饼有莲蓉蛋黄月饼、豆沙月饼、五仁月饼、椰丝月饼等。水果、粥、炒田螺、菱角、芋头也是横栏常见的赏月食品。

○ 准备各式
食品"拜公月"

○ 中秋佳节，
一家人团聚赏月

咸水歌对唱

　　历史上，横栏镇属于大沙田水乡，旧时人们宣泄情感和沟通交流常以咸水歌对唱来进行。他们随编随唱，以歌会友，以歌传情。现在，每逢节假日，横栏镇都会组织咸水歌对唱比赛，以丰富民众的业余文化活动。各村（社区）也会组织歌友在村头巷尾对唱，并广而告之，让爱好者能一饱耳福。

咸水歌

　　广义的咸水歌分为长短句咸水歌、高堂歌、大缯歌、姑妹歌四个种类。长短句咸水歌和高堂歌在横栏地区流传比较广泛。长短句咸水歌在演唱时均在开头加唱"妹呀好啊哩"，尾句加上"好你妹呀啰嗨呀"。咸水歌大多是由个人口头创作的，想到什么就唱什么，歌词具有鲜明的乡土特色，极能反映群众的生产生活。

○ 村里的咸水歌对唱

2000 年以前，横栏人以务农为主，日出而作，日落而息，业余时间的消遣活动以观看电视节目为主。近年来，随着经济的发展以及群众对文娱活动需求的不断增大，各村（社区）开始有意识地规划建设公园及广场。现时，镇内各村（社区）都建有公园或广场，如三沙公园、贴边健身广场、新茂文化广场、宝裕健身广场、六沙灯光球场、横东健身广场等。

　　每到晚上，镇内各个公园、广场灯火通明，吸引大批民众前来活动。有的在球场上挥洒汗水，有的跟在健身队伍中学习舞蹈，有的在健身器材上舒展筋骨，有的坐在石凳或凉亭闲聊，也有的甘愿做一名观众在球场边观摩学习或在舞台边欣赏优美的舞姿……

○ 裕祥文化广场

○ 新丰文化广场

　　近年来，镇、村为了丰富群众的文化生活，在各公园、广场开展了一系列的文体活动，既有适合年轻人的乒乓球和篮球比赛，又有火热劲爆的舞蹈晚会、醒狮表演，还有曲韵悠扬的粤剧汇演。每逢举办文体活动的时候，公园、广场总是热闹非凡。活动注重群众参与，大多数节目、活动都来自基层、源自群众，由基层群众自编自导自演。现时镇内共有多支文艺队伍，活跃于各村（社区）及周边镇区，呈现出百花齐放的态势。

篮球比赛

　　篮球比赛是横栏民众最喜爱观看的比赛。为了让在外求学的学生有机会参与，镇内各村（社区）通常在每年七八月（暑假期间）举办篮球赛，比赛形式广泛，有生产队联赛、村际篮球联赛、镇区之间的交流赛等。比赛的晚上，球场四周总是座无虚席。一些篮球"发烧友"更是在暑假期间到各村（社区）观看比赛。一轮球赛下来，暑假就过去了。

○ 村（社区）篮球赛

○ 太极表演

太极拳协会

　　横栏太极拳协会正式成立于2012年，以"继承太极精华，发扬传统文化，增进锻炼意识，提高身体素质"为协会宗旨，主要任务是在广大群众中推广太极拳传统套路，普及太极拳知识。协会自成立至今，不但积极参加演出活动，也多次开设培训班，让更多的群众了解和参加太极拳运动，使广大群众掌握集健身、养生、防身和哲理为一体的太极拳艺术。

广场舞舞蹈队

　　广场舞在横栏镇发展已有十多年历史，在这期间，横栏镇各村（社区）兴建了多个广场和运动场所，这同时也给广场舞爱好者提供了更多的活动场地。经过多年的宣传和发展，横栏镇目前各村（社区）都已成立了专门的广场舞舞蹈队，有些村（社区）还拥有多个舞蹈队。舞蹈队参与者多为中老年人，其中以女性居多。姐妹们走到一起，随着或欢快或舒缓的音乐，轻轻地摇动肢体，身体变得轻松，心情也彻底地放松了下来。他们每天集中跳舞锻炼，不为名利，只为自娱。同时，他们还积极配合横栏镇各村（社区）适时地开展文艺表演活动，既充实了自己的业余生活又让观众大饱眼福。

○ 舞蹈表演

○ 粤剧表演

三沙村金星粤剧团

　　三沙村金星粤剧团成立于 2002 年，是在三沙村党支部、村委会直接领导下的非牟利的民间业余文化团体。经过十多年的发展，已具备排演全剧的能力，并接近专业剧团的规模水平。剧团一直活跃在珠三角地区的舞台上，为基层民众服务。他们已成为横栏镇群众性文化活动的一支骨干队伍。

吃喝玩乐
跟我走

广骏生态园

　　广骏生态园位于横栏镇六沙村六沙大道旁，毗邻西江，环境优美，是横栏镇近几年发展起来的一个休闲好去处。广骏生态园分为农家菜园区和生态园区两大区域。在那里，可以自己种植蔬菜，成为私家菜园的园主；可以呼朋唤友，一起野炊烧烤划船。广骏生态园的出现，可以说为横栏人亲子活动、聚会团建等提供了一个不错的选择。

○ 广骏生态园

○ 呼朋唤友一起划船

　　在生态园区，自助做菜、烧烤、野炊，一起打造一餐丰盛美味的柴火饭；在农家菜园区，租一块土地，种上一片蔬菜，体验劳动的乐趣，感受大地的恩赐；在园内亭子下，泡一壶茶，闲坐一下午，看花开花落云卷云舒，难道不是人生一大乐事？

○ 租一块地，成为私家菜园园主

德华湿地花海

德华湿地花海位于横栏镇新茂村内，园区占地面积500多亩，是集农业生态观光、休闲娱乐、科普拓展等多功能于一体的综合性景区。

园区内种植有大片桃花、黄花风铃木、紫花风铃木、格桑花、油菜花等，一到花开时节，这里就成了赏花兼手机、相机"拍拍拍"的胜地。园区内还配置有多个娱乐项目，如旋转木马、无轨小火车、海盗船等，可以说是小孩的梦幻天地。

餐厅、户外烧烤场、草场、动感乐园……德华湿地花海应有尽有，怪不得友人会说，它可以承包了你的周末。

○ 德华花海正门

○ 海盗船

○ 园区内铺设了
一条长一千多米，高30
多米的空中赏花轨道，
在上面乘车游览，整个
桃园美景一览无余

中顺大围横栏段

　　中顺大围位于珠江三角洲南部、西江支流出海处，因地跨中山、顺德两市，故名中顺大围。中顺大围跨越中山境内多个镇区，其中横栏镇位于西江东岸，故也有一段。

　　绵长的大堤延伸至远方，沿途风景也随之展开。一边是江水，一边是鱼塘、农田，不知名的野花林木生长茂盛，杉林随风摇曳，林下浅水河蟹出洞散步、觅食……由于沿途风景漂亮，这里是户外爱好者骑行、徒步的经典路线。天气晴好的傍晚时分，约上三五知己，到围堤上走走，江风习习，清凉沁人心脾，同时还可以一睹太阳西落的美好风光。

杜家村：下午茶一条街

不知道从什么时候开始，三点三成了下午茶的代名词，其意思是指下午三点三是吃下午茶的时间。如果要问哪里最适合"横栏三点三"，我会首先推荐杜家村。

杜家村"隐藏"在四沙一条小巷中。沿街村民大多姓杜，因此便有了杜家村的叫法。杜家村没有明显的指示牌，不靠近大马路，故保留了一份宁静之感。

〇 村里小巷，一派宁静

一条街，几百米的距离，开满了多家下午茶店铺：逅舍、左岸咖啡、六月、店小二、花时间……店铺名字颇具文艺气息。店面不大，随意走进一家，悠扬的旋律在耳际回旋，暖黄的灯光带来一丝温馨，手写的菜单透露出诚意，更重要的是，无论饮料还是小吃，都极具性价比，真可谓"大份夹抵食"。

下午三点三，要来个杜家村 Tea time（下午茶时间）吗？

〇 各式饮料小吃

〇 手写菜单，你感受到店家的诚意了吗？

〇 杜家村里的特色下午茶小店

星威鸽餐厅

　　星威鸽餐厅位于岐江公路横栏段，横栏镇横东村牌坊对面。其美味的鸽制品吸引了大量食客前来品尝。不夸张地说，即使是搭乘公共汽车路过星威鸽餐厅，你都可以闻到一股特有的香味。此餐厅一年四季生意都不错，尤其到了冬天，简直可以用火爆来形容。在寒冷的冬天，喝上一碗药膳鸽汤或者猪肚鸡汤是一个不错的选择。

　　招牌菜：土茯苓鸽、盐焗鸽、猪肚鸡。

○ 药膳鸽汤

○ 盐焗鸽

冯记大排档

　　提起横西猪头粥，大部分横栏人应该都会知道。猪头粥，顾名思义就是用猪头熬出来的粥，以此粥作为粥底，可以继续添加其他的肉类配料一起食用。用猪头粥熬出来的粥底比一般的白粥粥底更加香浓。

　　冯记大排档的猪头粥颇具名气。它位于中山市第一中等职业技术学院旁边，容易寻找。点餐时，可以单独点猪头，此时请做好心理准备，上菜时店家真的会将半个猪头直接端上来。凉拌鱼皮也是这里的招牌菜。鱼皮爽脆可口，限量供应，来晚了就吃不上了。

○ 猪头粥

○ 凉拌鱼皮

从小吃到大的味道

在中山一些大型的本土食肆，我们常可以在菜单上见到各镇区的特色菜肴、特色小吃，但鲜少见到以"横栏"为前缀的菜名。也许，是横栏在中山饮食界没有突出的代表作；也许，是横栏的特色菜肴、特色小吃尚未被挖掘及推广。不管什么原因，下面就让我来向读者们推荐一些横栏常见的食物。这些食物或许都不是横栏独有或首创的，但它们经常出现在横栏人的餐桌上，深受横栏人的喜爱，是横栏人由小吃到大的味道。

生大蕉鲫鱼汤

　　生大蕉鲫鱼汤用料很简单，只需要3—4条生大蕉，一条鲫鱼，数片姜片。生大蕉并不常见，在超市一般见不到它的踪影，在菜市场的固定摊位上也不一定能找到。通常在本地村民自产自销的流动摊位上，才有较大可能买到新鲜的生大蕉。

　　此汤味道鲜美且有清热健脾祛湿的功效。做法如下：

　　①生大蕉洗净切厚片，然后在清水中泡5分钟（泡水是为了除掉蕉皮切口分泌的汁液），泡完后把水倒掉备用。

②把锅烧干水后，加入适量的油，随后加入姜片和鲫鱼，将鲫鱼两面煎至金黄色。

③将适量的水、生大蕉放入锅内，大火煮到水开后再转文火煲半小时，放盐调味即可。

另外可以根据个人喜好，加入眉豆、薏米、赤小豆、扁豆、蜜枣、陈皮等配料。

鸡屎藤糕

　　鸡屎藤是横栏镇内常见的野生植物，一般在鱼塘周边或花木场可以发现它的踪影。当满片的绿色植物呈现在眼前时，年轻人不一定能辨认出哪种是鸡屎藤，但只要摘一片叶子在手中揉一下，然后凑近闻一闻，便可知道这植物是否是鸡屎藤了。皆因其叶子有一股特殊的香味。在过去物质相对匮乏的年代，成本低廉的鸡屎藤糕是横栏人常做的糕点之一。制作步骤如下：

　　①将鸡屎藤叶子摘下，剁碎。传统的做法是使用砂盆将叶子研磨出汁，现时常见做法是放入搅拌机加一碗水后搅碎，然后用纱布过滤出汁水备用（叶渣扔掉）。

　　②用一碗热水融化黄糖，放凉。

　　③把适量的凉水、鸡屎藤汁水、黄糖水放入容器，分次倒入粘米粉，并手动搅拌均匀，使其形成浆液。

④将放凉的黄糖水
和浆液混合均匀，放到
糕盆上。

⑤把锅里的水烧开，放上糕盆，将步骤④的混合浆水蒸熟即可。

风鱼

正所谓："秋风起，食腊味。"风鱼可谓是横栏本地人家家户户都会制作的广式腊味。入秋后，北风吹起时，正是晒风鱼的好时机。不少村民的阳台此时都会变成风鱼的"地盘"。而鲮鱼干是横栏人最常晒制的风鱼。做法如下：

①将鲮鱼去除鱼鳞、内脏，沥干水，然后加入适量的盐抹匀，腌制 1—2 小时。

○ 清理好鲮鱼备用

②在吹北风的时候，将鱼干放到户外晾晒 1—2 天。

○ 晾晒鱼干

③鱼身晒干后，按照个人喜好涂上豆瓣酱等酱料再晒制半天。酱料可根据个人喜好添加蒜蓉、烧酒、白糖等进行调配。

保存建议：晾晒好的风鱼因一时半会吃不完，可以放置冰箱内密封保存。

猪大肠入糯米

做猪大肠入糯米这道小吃的步骤比较多，耗时也较长，虽然很多人喜欢吃，但并不是很多人愿意花时间去制作。愿意这样做的人可谓是真正的"吃货"。这道小吃多见于家庭聚餐、朋友聚会等场合。

制作这道小吃的关键是要购买一副新鲜的猪大肠。建议在早上八点前到菜市场购买，晚了就很难买到新鲜的猪大肠了。猪大肠买回家后要用清水浸泡，灌糯米前也要用清水反复清洗，避免留有异味。具体的做法如下：

①将切成小粒状的香菇放入浸泡好的糯米中，加适量的盐、鸡粉搅匀，可根据个人喜好添加咸蛋黄、腊肠、腊肉等配料。

②猪大肠清洗干净，一头用绳索系牢，然后将糯米一小勺一小勺地徐徐灌入大肠内。

○ 清洗干净猪大肠　　　　　　　○ 将糯米灌入猪大肠中

③灌好后将猪大肠另一头系牢，平放，用手把猪大肠内的糯米推揉均匀，放入锅中温火蒸。

○ 平放，推揉均匀

④蒸至一小时左右，取出冷却，再切成片状，即可直接食用。也可沾蛋液后放在锅里煎炸成金色，口味更佳。

○ 切片即可食用

○ 沾蛋液后放在锅里
煎炸成金色，口味更佳

砂盆粥

　　随着社会的发展，现代化的家用电器逐渐取代传统的工具。原来家家户户厨房必备的砂盆、擂锤，现时越来越少出现在人们的眼前，取而代之的是搅拌机、榨汁机、破壁机等省时又省力的电器。但是说到要煮砂盆粥，横栏人首选的仍然是砂盆、擂锤这些工具。由于砂盆的纹路宽窄深浅不一、使用擂锤的力度不一致等原因，研磨出来的米浆会存在大小不一的颗粒，这就有别于机器磨出来的形态相对单一的米浆。颗粒大小不一的米浆煲出来的粥口感丰富，深受食客喜爱。

> **砂盆粥的做法：**

　　①将适量的米洗净后，用清水泡1—2小时，可根据个人喜好添加黄豆、花生等。

　　②用砂盆和擂锤将泡好的米磨成米浆。

　　③将磨好的米浆放入锅中煮沸，根据个人喜好加入菜粒、肉片、鱼片、鸡丝等配料煮3—5分钟，再加入盐、油等调味料即可食用。

菜粒

瘦肉

鱼片

鸡丝

　　除了以上家常食物外，横栏好吃的还有不少，快跟我来看看。

横东"水果酸酸"

　　横栏人将用水果与特定酱法腌制的食物称为"酸酸"。"酸酸"的传统做法是把李子、青木瓜、青芒果、杨桃等水果洗净切好，压裂后用醋、糖精、凉开水混合浸泡数小时。横东的"水果酸酸"驰名中山。每到季节，除了本镇区的人会特意去横东村找来吃，其他镇区的人也会慕名前来。横东村的"酸酸"与传统的"酸酸"做法不一样。顾客首先选购原只的水果，如李子。店家现场清洗干净，然后将李子放入店家自制的机器压裂，再加上店家秘制的辣酱混合，即可食用。"李子酸酸"味道酸酸辣辣但又不掩盖水果原始的味道，好吃得简直让人停不下口来。除了"李子酸酸"，店家还有桃子、菠萝、芒果等"水果酸酸"出售。受水果上市的时段影响，店家并不是整年营业，营业时间基本与李子销售期一致。

○ 芒果

○ 桃子

○ 菠萝

①将李子洗干净待用

②用机器将李子压裂

○ 秘制辣酱

③加入秘制辣酱搅拌均匀即可食用

如果是制作其他"水果酸酸"，如"菠萝酸酸"，则只需要将菠萝去皮切块加入酱料即可，无须压裂。

①菠萝去皮切块

②加入秘制酱料搅拌即可食用

六沙"叹冰"

　　炎炎夏日，六沙冰室成为横栏夜里最热闹的地方。别看冰室门面前摆放了数十张桌子，若是来晚了还不一定有位置。由此可以想象夏夜里冰室的火爆场面。

　　横栏人将在冰室喝冰水，吃小吃的行为称为"叹冰"。而"叹冰"时必定少不了"大冰"。"大冰"是用大玻璃杯倒满冰水，或加入雪

○ 大冰

○ 炸薯条

○ 夏日夜里，"叹冰"是一项绝好的休闲活动

○ 三色雪糕球

○ 蒸蚬

糕球，或加入水果的饮品。一口喝下去，客人都忍不住地感慨："还
是当年的味道。"六沙冰室除了"大冰"这经典的饮品外，还有蒸蚬、
三色雪糕球、鹌鹑蛋、水晶鸡脚，另外还供应炸菜花、炸鸡扒、薯条、
鱼蛋等小吃。值得一提的是，这里消费的性价比相当高，三五人坐上
一晚上，人均花费不过是二十块左右。

用脚步丈量
镇内古迹

三沙大桥

　　20世纪后期，横栏镇内有多座拱桥分布于各村（社区）。当时，机动车还没普及，很多村民仍以船只作为主要的出行及运输工具。拱桥横跨河流之上，桥面高于两侧桥角，桥角—桥面—桥角呈拱圆形，这确保了即使在河水上涨时，船只仍能顺利穿过桥梁。自20世纪90年代以来，村民的生活水平不断提高，摩托车、四轮汽车开始普及。一方面是村民对驾驶船只的需求降低，另一方面是拱桥不适应时代的发展，如两侧桥角坡角较大存在安全隐患，桥面宽度不能满足日益增大的车流量，桥梁老化等原因，昔日的一座座拱桥被拆除，取而代之的是宽阔平直的新建桥梁。

　　三沙大桥是横栏镇内仅存的数座拱桥之一。它位于三沙村花木基地，建于20世纪70年代，至今已有40多年历史。拱桥横跨进洪河，连接花果山地块及基砖二厂地块，可供行人通过。两侧的水泥护栏均

○ 三沙大桥

存在不同程度的破损，剥离的水泥块仿佛记载着历史的痕迹。从远处看，桥身的"三沙大桥"四个红字仍清晰可见，拱桥与河道、花木基地构成了一幅赏心悦目的画面。

三沙炮楼

　　三沙炮楼，又称岗楼，位于三沙村十队楼仔广场。根据历史资料记载，清末民初，贼匪横行，民不聊生。村民为了抵御外敌，于1918年筹集资金建设此楼，并购买了枪械用于自卫。1920年，贼匪以村民绑架了他们的同伙为借口，趁着月黑风高，围攻岗楼。当时麦九仔、黄福海等11人在岗楼里据守，在枪林弹雨之中顽强抵抗，并掩护群众避难。直至天亮，贼匪仍未能拿下岗楼，便退至马嘉围，用弹筒远射，摧毁了岗楼顶层，并用柴堆围绕岗楼，放火将壮士们活活烧死。

　　岗楼侧种有一棵榕树，榕树与岗楼相倚而生。2013年，村集体出资，对年久失修的岗楼进行重修，在不改变框架的前提下对岗楼进行加固，并篆刻了《追思楼记》碑文，勉励后人不忘历史，热爱家乡。

　　20世纪90年代，我在三沙村读小学，参观岗楼、听老前辈讲述此楼的历史故事，是传统的"忆苦思甜"活动之一。随着时代的变迁，"忆苦思甜"活动已不再进行了，但历史不应该被遗忘。

○ 榕树与岗楼相倚而生

四沙三圣宫

　　四沙三圣宫庙，简称三圣宫，位于贴边东路。
该庙据说建于清光绪丙午年末（1906），建成后，
庙内常年香火旺盛。三圣宫旁边的木棉树十分粗壮，
枝繁叶茂。木棉大树看上去生机勃勃，听老人讲，

　　○ 每到春夏之际，三圣宫
旁的木棉花便开满一树

它曾经被虫蛀，命悬一线，后来经村民合力想办法才被救活。

记忆中，每逢春夏之际，火红的木棉花便挂满枝头，甚是漂亮。

此时村民多半会来到树下，捡拾掉落的花朵。也会有村民拿来长竹竿，

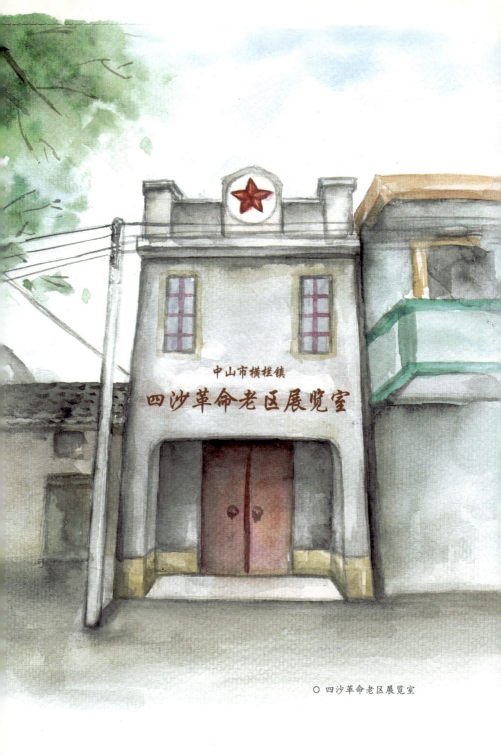

中山市横栏镇

四沙革命老区展览室

○ 四沙革命老区展览室

○ 木棉花

仰头瞄准，用力一挥，又大又红的花儿便掉落下来。拾来的木棉花放到阳光下晒干后，用清水煲煮，放上少许糖，便是老少咸宜、清热解毒的家居凉茶。

2016年，三圣宫开始原址重建。无论重建与否，相信庙内神灵也会一如既往地护佑一方村民。

四沙革命老区展览室

新中国成立前，中共地下党在四沙村开展地下革命工作，如秘密串联发动、张贴告示、散发传单等。他们的联络地点是一间古旧民居，也就是今天坐落于新茂村的四沙革命老区展览室。

四沙革命老区展览室初建时主要用作老战士联谊会活动场所，是横栏镇革命传统教育基地。现在展览室已关闭，政府计划对其进行升级改造。

六沙青龙桥

"古桥流水，一棹轻舟碧波行；闲适人家，逐水而居西江情。"横栏镇临近西江，如果说要找出最能体现上述诗句意境的村落，那就非六沙村莫属了。

六沙村位于横栏镇西面，西江在村边奔流而过。村中河道纵横，房屋依水而建，路边绿树成荫，处处呈现出浓浓的水乡风情。村内居民生活休闲舒适，河边常常可以看到老人围坐打扑克，小孩玩耍。

○ 六沙村中河道纵横，绿树成荫

河流纵横，自然桥梁也多。据称，六沙村内一共有大小桥梁 50 多座，因为村内河道长而狭窄，所以河上桥梁也多是不算宽大的小桥，结构一般都比较简单。其中最著名的是位于六沙小学门前的廻澜桥，也称"青龙桥"。

○ 村内居民生活闲适，常在河边围坐玩耍

据记载，青龙桥始建于清光绪戊戌年（1898），至今已有一百多年历史，是目前镇内建设最早、保留最完整的一座古桥，被列为中山市不可移动文物。青龙桥是一座木桥，从外表上看，没有什么特别之处，不过其桥面木质坚硬，整座桥给人结实厚重之感，或许这也是青龙桥能存在百年之久的原因之一。

桥边栽种有大榕树，遮天蔽日。夏日站在河上树下桥中，看看桥下流水河边村景，微风吹过，除了感到一股舒适清凉感外，似乎还能感应到某种久远的历史呼唤。

○ 青龙桥桥面木质坚硬，走在上面，莫名地有种久远的历史感

横东桑墟

　　说起横东桑墟，或许许多横栏人也不知道那是什么。在今天看来，它只是一条旧骑楼老街，可追溯其历史，它可以算得上是大有来头，曾见证了横栏镇农业经济的繁荣。

　　20世纪20年代，受小榄种桑养蚕业发展的影响，横栏镇开始有人种桑养蚕，出现桑叶买卖，慢慢地形成了一个桑叶买卖的墟市，那就是横东桑墟。桑墟形成后，除了买卖桑叶，还包括其他农副产品及生活用品。50年代，政府还在桑墟老街上建起供销社、食品站等。久而久之，桑墟成为横东、横西村的商贸中心和最繁华的街道。

　　现在来到桑墟，你会发现，昔日的繁荣已经褪去，映入眼帘的只是一条旧骑楼老街。在老街上漫步，触摸一下斑驳的墙面，举起手机拍摄留影，可以体会一种怀旧的情怀。

○ 桑墟老街

聚胜社碉楼

　　一天，友人问我："听说横栏有碉楼，你知道吗？"横栏镇竟然有碉楼，这完全出乎我的意料。为了一探究竟，我决定亲自去走走。

　　这座传说中的碉楼是指横东的聚胜社碉楼，是横栏镇内现存的唯一一座碉楼。桑墟兴起后，商业发达，盗贼也猖狂。为了防范盗贼和保护人身财产安全，村民自发集资在附近的聚胜社兴建了该碉楼。

　　碉楼呈四方形两层建筑结构布局，墙身用青砖块砌筑，二楼四周都有一个窗口及两个枪眼口。在抗日战争年代，碉楼以它坚实的墙体，阻挡枪林弹雨，守护一方百姓。如今，碉楼已闲置，外墙还可以看到枪炮击打的痕迹。

○ 聚胜社碉楼

属于横栏
80后、90后的
共同回忆

在 20 世纪 90 年代，我与其他小伙伴一样，并没有多少零花钱，家里也不会时常备有零食。想要有零花钱，唯有开源节流。零花钱本来就不多，因此节流的意义并不大，为此，几岁至十几岁的孩子都会想办法去赚取零花钱。

捡螺

20 世纪 90 年代，横栏镇内有很多人从事养殖行业，养殖罗氏虾的尤多。养殖户多数都会购买螺肉作为罗氏虾的食物投放到虾塘里，因此催生了很多专职捡螺的人。捡螺人半夜两三点就出发，去池塘、河道边捡螺。太阳出来以后，螺会沉到水底较难发现。而像我们这种捡螺只为赚个零花钱的小孩子，一般都是五六点，趁天蒙蒙亮的时候出发。小时候，我常常和小伙伴去捡螺。一个小网筛、一个纤维袋就是我们去捡螺的工具。走在塘边的小路上，见到哪里有螺就用小网筛去网回来，有时候见到一些个头较大的螺，距离比较远，用网筛够不着，放弃它又不甘心，此时就要考虑是否要跳进水里，游过去把它捡回来。不过，我们通常都捡不到个头较大的螺，因为经过专业捡螺人的一遍"扫荡"后，只剩下个头较小的螺。我们戏称这种螺为"螺孙"。捡螺时，我们最怕遇到蚂蟥，一旦被蚂蟥吸附在身上，就很难拿走，甚至会出血。因此即使看到蚂蟥周边有个头大的螺，我们都会放弃。

○ 福寿螺

○ 带上小网筛，我们就可以到河边捡螺了

　　上午九点多，太阳已经出来了，再捡下去也捡不了多少，此时我们就提着装满螺的纤维袋回家去。回到家的第一时间，我们会跳进环村河里游几个来回，把去捡螺时弄脏的手脚及衣服洗干净，然后马不停蹄地开始生火将捡来的螺煮熟。如果直接将捡来的螺卖给养殖户，只能卖到三四毛钱一斤。但如果将螺煮熟挑出螺肉再卖出去，此时可以卖到 1 元钱一斤。为了卖个好价钱，我们都会生火煮螺，挑螺肉。这些步骤完成后，半天已经过去了。午饭过后，我们用桶装着螺肉送到养殖户那里。养殖户当场就拿出秤来称重，并结清费用。我们大半天的劳动大致可以赚到四五块零花钱。在现在的小孩子看来，四五块零花钱还不够买一份早餐，但对于当时的我们来说，每天四五块，一个暑假下来能存到两三百块，已经觉得自己是个"万元户"了！

○ 午饭过后，我们用桶装着煮熟的螺肉送到养殖户那里。养殖户当场就拿出秤来称重，并结清费用

半成品加工

　　20世纪90年代上学的小学生，并没有多少压力，既不用上补习班，作业不多，也不需要家长检查作业及签名，因此我们星期一至星期五夜晚以及周末并不需要为写作业花费太多的时间。为帮补家计，母亲会去附近的店里批发一些半成品回来加工。最常见的是"穿胶花"，即塑料花加工。加工塑料花的大概步骤首先是要把叠在一起、压实的花瓣一片一片分开，然后按要求将花托、花瓣、花蕊拼成一朵小花，再将拼好的小花一朵一朵套在花干上。"穿胶花"是我小时候做过的性价比最低的兼职——做好100支插满花朵的花干，耗时将近一天，加工费却不过是几块钱。除了"穿胶花"，"穿灯仔"也是常见的半成品加工工作。"穿灯仔"是指将灯珠的两条线路插到灯托里，再将

灯珠线路掰弯。加工100个"灯仔"的费用也就一两毛钱。将穿好的"灯仔"进一步加工后就是节日里常见的灯串，这应该就是横栏镇最早出现的灯饰加工项目吧。

○ 将压实的花瓣一片片分开

○ 花托

○ 花蕊

○ 将花瓣、花托、花蕊拼合成一朵小花，再套到枝干上即完成

卖水果

在横栏镇的房屋未进行拆旧建新时，大部分房屋前后都会种植一些果树，如杨桃、石榴、黄皮、龙眼、柿子、芭蕉等。果树的果实成熟时，除了会分一些给亲戚邻居外，小孩子还会将剩余的水果拿去市场上售卖，赚到的钱就作为零花钱。选市场周边人流量大的地方，在地上铺一个干净的纤维袋，将需要售卖的水果放在上面，然后就吆喝过往行人来挑选购买。由于并不是专业卖东西的，装水果的塑料袋是

○ 龙眼

○ 黄皮

○ 香蕉

○ 石榴

○ 杨桃

○ 在地上铺一个干净的
纤维袋就可以开卖了

家里平时买东西回来时放好再拿出来二次使用的，没有杆秤就向周边的摊位借来用，加上小孩子总拉不下脸皮吆喝叫卖，同时又抱着卖不完拿回家自己吃的心态，一天下来，能卖个几块或者十几块，对于我们来说，已经是很大的收获了。

后　记

　　我出生于 20 世纪 80 年代末，在读高中之前，一直都在横栏生活、上学。记忆中，上学的村道依环村河而修，仅能容纳一辆小车经过，如有两辆小车会车，那其中一辆小车必须借用村民的地堂空地避让。随着时间的推移，脚下的路越走越宽，两旁灰黑的农民庄建筑（旧式砖瓦房的一种）也逐渐被高层的小洋楼取代。

　　2007 年，我到广州读大学。因为与初中同学感情深厚，我常常组织初中同学参加户外活动。我读大学的时候，是横栏花木发展最为迅速的年代，除了房地产业、市政绿化工程需要大量的苗木，还赶上了北京奥运会、广州亚运会、深圳大运会等大型活动需要大量的苗木装饰会场、城市等。我们同在广州读书的初中同学聚在一起时，常常感慨家乡近年来变化之大，还一腔热血地讨论是否能成立一个小组织，为家乡的发展贡献自己的力量。不过，作为在外求学的学子，无论时间、能力还是财力都相对缺乏，所以就不了了之了。

　　欣慰的是，我们这一批初中同学在大学毕业后，大多回到了横栏镇工作，有的从事花木行业，有的到了镇内灯饰企业工作，有的开办了灯饰配件加工厂，有的进入了镇政府工作，大家都在用自己的力量，为横栏的发展作出自己小小的贡献。我则回到了生活了二十多年的横栏镇三沙村，在村委会任大学生村官。担任大学生村官是我的职业规划之一，因为我热爱我的家乡。

　　当广东人民出版社中山出版有限公司的编辑找到我，问我是否愿意写《Hello，横栏》的时候，我已经在村委会工作了近五年。这五年间，我在村里担任《三沙月报》以及村委会微信公众平台的总编辑，负责村委会的大部分文字工作，并见证了横栏花木行业在这几年间的发展。因此，我只考虑了一下，便答应了。当时天真地以为，有了在村委会工作几年的经历，对横栏镇也算是熟悉了，加上每天的工作也是和文字打交道，写关于横栏镇的几万字介绍应该并不难。但在逐渐深入的写作过程中，我发现，这其实是件不容易的事。

　　在写《Hello，横栏》的过程中，最大的困难莫过于挖掘横栏镇的特色。广东人民出版社中山出版有限公司计划为24个镇区出版24册的"Hello，中山"手绘漫画系列丛书，因此，要想在24本书中脱颖而出，就必须发掘一些其他镇区没有具备的特色元素。因此，在写作期间，我也尽最大能力去发掘我眼中的特色横栏，走过了花木基地、中顺大围、多间饮食店铺、镇内各历史建筑等，希望能将我心中的最美横栏呈现给广大读者。

在此也特别感谢为《Hello，横栏》提供过帮助的朋友，特别是我的花农朋友，他们为我解答了很多关于花木方面的疑问。当然，这本《Hello，横栏》所选取的视角是有限的，可能横栏还有很多特色的元素未被我写进书里。我希望，此书能作为一个小小的牵引点，吸引读者走进横栏，了解横栏，继续发掘横栏的更多亮点。

张玉萍

2018 年 6 月